D1664632

Daniela Kühnl

„WIE WUPPE ICH DAS JETZT ALLES?"

Auf Sparflamme leben und trotzdem den Alltag gut bewältigen

Impressum

Bibliografische Information der Deutschen Nationalbibliothek: Die Deutsche Nationalbibliothek verzeichnet diese Publikation in der Deutschen Nationalbibliografie; detaillierte bibliografische Daten sind im Internet über http://dnb.dnb.de abrufbar.

Coverbild: Lydia Walter – Lydias Lichtmomente, Lingenfeld

Herstellung und Verlag: BoD – Books on Demand, Norderstedt

ISBN: 978-3-7583-2376-8

Inhaltsverzeichnis

I

Einleitung

Zack ... quasi von heute auf Morgen, nach einem postviralen Infekt im März 2020 war alles anders. Von 180 auf gefühlt Minus 100. Von der regelmäßigen 10 bis 15 km Läuferin zum ungewollten Couch-Potato.

Mein Leben wurde stetig langsamer, leiser, stiller und steht manchmal ganz still.

Alles, was bisher so normal war, durfte neu strukturiert und organisiert werden.

Vermeintlich lapidare Dinge wie einkaufen, kochen, den Haushalt wuppen, Behördengedöns ... all das, was ich nebenher mal eben mit Vollzeitjob, Hobbys und Ehrenamt erledigt habe, wurde zur großen Herausforderung.

„Wie wuppe ich das jetzt alles?"

Ich lebe allein. Freunde und Familie sind in der Republik verteilt und können nicht mal eben schnell ... Ratlosigkeit machte sich in mir breit. Eine Haushaltshilfe engagieren lässt mein Budget nicht zu, Antrag auf Pflegegrad abgelehnt.

Mein persönlicher Energiehaushalt im Nirvana. Viele Arzttermine und Kommunikation mit Leistungsträgern, Anträge stellen usw.

Da ließ sich nur im äußersten Notfall daran rütteln. Auch Telefonate mit der Bitte um Fristverlängerungen oder Verschiebungen kosten Kraft und Energie, plus das „Bauchweh" dort anzurufen und mich zu erklären.

Nächste Frage: Wo und wie kann ich Energie und Kraft sparen und mir meinen Alltag erleichtern?

Solange das innerhalb meiner Möglichkeiten noch machbar war, wollte ich meine Eigenständigkeit ungern aufgeben. Ich helfe sehr gern. Jedoch: Um Unterstützung bitten gehört nicht zu meinen Stärken. Lösungen mussten her, damit ich mein Leben selbstbestimmt weiterführen kann.

Muss ich jeden Tag kochen, putzen? Was ist mit der Wäsche? Müssen Shirts und Pullis gebügelt werden, wenn ich bis auf Pflichttermine nur noch zuhause bin? Nööö. Gar nichts muss. So standen meine ersten „Energie-Sparmaßnahmen" fest.

Ich kann so schwer nicht nichts tun ...

2022 habe ich angefangen über mein Leben mit ME/CFS und anderem „Gedöns" in meinem Blog www.meelas-welt.de zu schreiben. Über meine Alltagshelferlein, sozialrechtliche Themen wie GdB, Zuzahlungsbefreiungen, wichtiges zum Thema Steuern u.v.m. Das geht prima im Liegen und mit der Diktierfunktion. Immer schön mit den berühmten Häppchen. Nur, falls jemand aus der behandelnden und entscheidenden Zunft fragt.

Durch die vielen positiven Rückmeldungen entstand die Idee, meine eigenen Erfahrungen, Ideen und Inspirationen aus vielen Beiträgen in einem Buch zusammenzufassen.

Kaufhaus der Möglichkeiten

Sieh den Ratgeber als ein großes Kaufhaus mit Tipps, die dir deinen Alltag erleichtern können und packe in deinen Korb ein, was du für dich benötigst. Das Angebot ist vielfältig und du wählst, was du für dich mitnimmst, als stimmig empfindest, dir guttut oder ausprobieren möchtest.

Du wirst nicht schwer daran tragen, es wird leichter ☺. Im besten Fall hast du Unterstützung und dir hilft ein lieber Mensch, den Korb zu tragen.

Ich habe lange darüber nachgedacht, ob ich das Thema Küche und Ernährung mit in den Ratgeber aufnehme. Davon bin ich wegen der Übersichtlichkeit abgekommen und habe ein eigenes Buch dazu geschrieben.

Du hast Interesse an den Notfall-Ordner-Vorlagen? Schreibe mir gerne ein Mail an schreibela@meelas-welt.de und ich sende dir das PDF gerne zu. Ich freue mich von dir zu lesen.

Manches wiederholt sich. Das liegt daran, dass du meinen Ratgeber nicht von vorne nach hinten lesen musst, sondern die Kapitel in sich geschlossen sind. Bedeutet: Du springst dahin, was gerade für dich wichtig ist.

Gegenderte Texte zu lesen, empfinde ich als sehr anstrengend. Ich belasse es bei der männlichen Form und hoffe niemand fühlt sich „auf den berühmten Schlips" getreten.

Am Ende meines Ratgebers findest du alle Links als QR-Code, die dich schnell auf die entsprechenden Seiten leiten.

Bleib posimistisch ☺

Alles Liebe deine Ela

Über diesen QR-Code kommst du direkt auf meinen Blog

www.meelas-welt.de

Wie kannst du dir allgemein den Alltag erleichtern?

Pacing, pacing, pacing. Immer und immer wieder hörst oder liest du das Wort. Wahrscheinlich kommt es dir mittlerweile aus den Ohren heraus. Pacing ist das A&O.

Was bedeutet Pacing?

Weniger Energie zu verbrauchen als vorhanden, damit es zu keiner (dauerhaften) Zustandsverschlechterung kommt. Dabei macht es Sinn deinen Puls im Auge zu haben und immer wieder großzügige Pausen einzuplanen. Quasi Alltag in Häppchen.

Ganz wichtig:

Bitte um Unterstützung. Auch das ist Pacing. Du hast sicher in deinem Leben vielen Menschen geholfen, sie unterstützt, wenn es ihnen nicht gut ging. Now it´s your turn. Das ist kann ich bis heute noch nicht gut, aber ich arbeite daran. 😊

Die „Gerade 5"

Die 5 gerade sein lassen. Glaub mir, dass ist mir verdammt schwergefallen und tut es nach über vier Jahren immer noch.

Wenn du nicht gerade Blüschen fürs Büro oder dein Gatte Hemden für den Job in der Bank benötigt, einfach die Kleidung zusammenlegen und das Bügeleisen ins Nirvana verdammen.

Geschirr abtropfen lassen, auch wenn dich der Anblick stört, dass da etwas herumsteht. Mir geht das so. Hier durfte ich meine persönliche Ignoranz-Grenze steigern.

Dinge liegen lassen und später machen.

Die Wollmaus auf dem Boden ist später auch noch da und tanzt freudig bei jedem Windstoß.

Mein innerer Monk ist oft „not amused". Aber wat mut, dat mut.

Was kannst du noch tun?

Alles, was du im Sitzen machen kannst: „Setz dich hin."

Zähne putzen, Gemüse schnippeln, duschen, Haare föhnen, bügeln ... (wenn es denn doch unbedingt sein muss).

One-Pot-Gerichte auf dem Herd, oder noch einfacher im Ofen und direkt aus Topf und Auflaufform essen.

Eine benutzte Pfanne wische ich schnell mit einem Küchentuch aus und nutze sie nochmal. Außer, ich habe Fisch darin gebraten. Dann lieber nicht, falls es am nächsten Tag süße Pfannkuchen geben soll. ☺

Alles, was du im Liegen machen kannst: „Leg dich hin."

Schreibkram am Laptop, mit Behörden telefonieren funktioniert auch im Liegen.

Briefe per Sprachfunktion formulieren und in Text umwandeln lassen. Selbst WORD hat die Funktion.

Nicht immer schaffe ich es meine Post sofort zu bearbeiten. Ablage ist das letzte, was ich erledige. Gleichzeitig ist es oft wichtig, schnell Dokumente zu finden.

Ich bin ein Freund von farbigen Systemen und habe mir bunte Ablagekörbe und Hüllen angeschafft, passend dazu die Ordner.

Wenn möglich, nie mit leeren Händen gehen und immer etwas mitnehmen, weg- und einräumen. Dann häuft sich nicht so viel an.

Türen an Schränken entfernen. Schwupps, wieder eine Bewegung weniger. Sieht leider dann alles nicht so ordentlich aus. Mein innerer Monk kann damit gar nicht.

Wichtige Dinge in jedem Raum, neben Bett/Sofa haben, um Laufwege zu sparen.

Stell den Wäschekorb zum Aufhängen auf einen Stuhl, dann musst du dich nicht bücken.

Nutze einen Wäscherucksack, statt einer Wanne. Ein irrer Vorteil, wenn wie bei mir die Waschmaschine im Keller steht. Vor allem, weil ich die Stufen beim Treppenlaufen sehe und mich am Geländer festhalten kann, da meine Hände frei sind.

Alte Handys ohne SIM-Karte (geladen) in jedem Zimmer für Notrufe.

Notfallkontakte im Handy speichern.

Termine und Medikamenteneinnahme ins Handy eintragen und dich erinnern lassen.

Medikamente in einer Box wöchentlich vorbereiten.

Haare an der Luft oder unter einem Haarturban aus Mikrofaser trocknen lassen.

Ich habe meine Haare abschneiden lassen, da es viel einfacher im Handling ist.

Wickele dich in einen Bademantel oder Duschhandtuch, ab unter die Decke und lasse dich trocknen. Für Frostbeulen allerdings suboptimal.

Kleidung größer kaufen. Das An- und Ausziehen geht leichter. Wenn du schnell frierst, ist der Zwiebellook prima, gerade bei den aktuell explodierenden Kosten für Strom und Heizung. Umgekehrt genauso. Ich pelle mich mehrmals täglich in und aus meiner Zwiebel-Bekleidung, gleich zu welcher Jahreszeit. Mal ist mir kalt, dann wieder warm. Du kennst das sicher.

Schlupfschuhe ohne Schnürsenkel.

Elektrische Haushaltshelferlein anschaffen/schenken lassen. Dabei auf die Lautstärke achten. Das beste Gerät nutzt dir nichts, wenn du Geräuschempfindlich bist oder wie ich eine Hyperakusis hast.

Du kannst noch Bücher lesen? Super.

Nutze EBook-Reader. Du kannst die Schrift größer stellen. Wenn es beleuchtet ist, kannst du im Dunkeln lesen und benötigst kein zusätzliches Licht im Zimmer und es ist wiegt bei weitem nicht so viel, wie ein 600 Seitenwälzer.

Alltagshelferlein

Akkubesen, ersetzt Handfeger und Kehrblech	Dampfreiniger statt Putzeimer und -Lappen
Anziehhilfe für Kompressionsstrümpfe	Euro-Schlüssel
Apotheken-Lieferdienste nutzen	Funksteckdosen und darüber Geräte und Beleuchtung steuern
Beleuchtung im Raum über Sprachbefehl	Fußstütze
Blaulichtfilterbrille	Greifhilfe/Gehstock
Briefe und Pakete online frankieren und, wenn möglich dem Postboten mitgeben	Gelschreiber statt Kugelschreiber
Bügelpuppe für Hemden und Blusen, falls beruflich nötig	Handstaubsauger

Handverdickungen für Besteck und Stifte, gibt es auf Rezept	RGB-Deckenlampen über WLAN gesteuert
Hausnotruf	Rollhocker
Haustür mit dem Handy öffnen	Pflegerollstuhl
Headset fürs Handy	Saug-/Wischroboter
Lieferdienste für Lebensmittel und Getränke	Schnürsenkel elastisch
Multiöffner	Schuhanzieher
Orangene Glühmittel sind bei Lichtempfindlichkeit angenehmer	Staubsauger ohne Kabel
Popsocket	Stehkehrblech
Programme, die Texte vorlesen	Stretch-/Dehnungsmatte

Therapie-/Gewichtsdecke	Videoklingel, mobil mit dem Handy zu öffnen
Thermobecher für vorbereitetes Essen	Wäscherucksack, statt Wäschekorb
Verblisterungs-Service von Apotheken nutzen	Wäschetrockner
Verdunklungsrollos, - Gardinen	Wischmöppe zum Auspressen, ich mag die mit „Drehdings" lieber, weil ich weniger Kraft benötige.

Platz für deine Ideen:

....

....

....

....

....

....

....

....

....

....

....

....

....

Neben Sofa und Bett

Für Frostbeulen, wenn es kalt ist:

Heizdecke	Stulpen
Infrarot-Saunadecke	Poncho-Decke
Infrarot-Licht, Rotlicht	Merinosocken, -Bekleidung
Infrarot-Matte	Wärmekissen, kabellos
Kirschkernkissen	Wärmeunterbett
Pulswärmer	Wärmflasche
Seidenunterwäsche wärmt im Winter, kühlt im Sommer	Getrocknete Erbsen oder Linsen erwärmen und Hände und Füße darin „baden"
Seidenleggins, Bambusseide ist günstiger, Bio-Seide ist eine Alternative wenn du auf das Tierwohl achtest,	

Wenn es heiß ist:

Autokühlbox, elektrisch neben Bett / Sofa
Coolpacks
Kühlbekleidung
Kühldecken, Kühlhandtücher
Seidenunterwäsche wärmt im Winter, kühlt im Sommer

 Hinweis für Kühlbekleidung:

Durch die Kälte ziehen sich die Blutgefäße in den Beinen zusammen und verhindern dadurch, dass beim Stehen dort das Blut versackt. Orthostatische Effekte werden dadurch geringer und der Puls steigt weniger an.

Für alle, die nach Herzfrequenz Pacing betreiben, fehlt somit ein wichtiger Parameter. Schrittzahlen und Weg-strecken können alternative und nützliche Größen sein.

Was kann dich sonst noch an Bett und Sofa entlasten?

Armkissen	Brille
Aufstehhilfe	Camping-Toilette, gibt es auch ohne Chemikalien, allerdings schwieriger zu reinigen als der Toilettenstuhl
Autokühlbox, elektrisch	Camping-Toiletteneimer mit Henkel
Bettgalgen	Ergonomisches Wasserkissen für den Nacken
Betttisch, höhenverstellbar	Fitnessuhr
Blister-Ausdrückhilfe für Medikamente	Flexibler Handyarm
Blutdruckmessgerät	Feuchte Babytücher, -Waschlappen

Gelschreiber, sind angenehmer als Kulis	Kopfhörer
Gewichtsdecke	Lattenrost, elektrisch
Greifarm, -Zange, alternativ Zollstock	Laptop
Haarwaschbecken zum Aufblasen	Laptopbrett, -kissen, -ständer
Hausnotruf	Lesekissen
Heizkissen für Nacken, Schulter, Rücken	Lieblingsfoto
Kniekissen	Magnetfeld-Therapiematte
Kochfeld mit Abschaltautomatik	Medikamentenbox
Komfortkissen	Mini-Dampfgarer

Mini-Kühlschrank, leise 20 Dezibel, Hotelkühlschrank oder Minibar	Schnabeltasse oder einen auslaufsicheren Thermobecher
Noise Cancelling Kopfhörer	Seidenkissenbezüge, die Haare werden nicht so schnell fettig
Notizbuch	Stillkissen
Ohrstöpsel	Tablettenausdrücker
Pflegerollstuhl, bei der Krankenkasse nachfragen	Tablettenbox
Pulsoximeter	Taschentücher
Pulsuhr	Telefon / Handy
Shampoo-Haube, Waschhaube	TENS-Gerät
Schlafbrille, Schlafmaske	Thermoskanne

Terraband am Bettende befestigen, für Übungen oder zum Hochziehen	Tischtablett
Toilettenstuhl = medizinisches Hilfsmittel und wird mit Attest von der Krankenkasse bezahlt	Topper auf dem Bett erleichtert das Aufstehen
Tablett Halter	Verdunklungsrollos, - Gardinen
Thermobehälter zum Essen warm halten	

Platz für deine Ideen:

....

....

....

....

....

....

....

....

....

....

....

....

....

....

www.meelas-welt.de

Im Bad

Bademantel, Microfaser	Fön-Wandhalter
Badewannenkissen	Haarturban aus Mikrofaser
Badewannensitz mit Drehscheibe	Schall-Zahnbürste, sind leiser als elektrische
Dusch-/Badhocker	Stange zum Festhalten in Dusche und Wanne
Duschschlauch am Waschbecken	Trockenshampoo
Elektrische Zahnbürste	Wannenbrett
Feuchte Waschlappen	Wannenlift

Duschen ist schon anstrengend und dann noch abtrocken. Uff. Ich mummel mich in den Microfaser-Bademantel, kuschel mich unter meine Decke und lasse mich abtrocken. Für Frostbeulen eher nicht so der heiße Tipp. Ein Haarturban aus Microfaser trocknet die Haare ebenfalls ohne mein Zutun sehr gut vor. Meist lasse ich sie dann an der Luft fertig trocken, weil föhnen so anstrengend ist und dann noch das Geräusch.

Das mit den Haaren ist so eine Sache. Einerseits lassen sich lange Haare schnell zu einem Zopf frisieren, aber die Pflege ... seufz. Nach langem mit mir ringen, habe ich sie abschneiden lassen. Da ich oft die Arme nicht hochbekomme, habe ich mir einen Wasserhahn-Schlauch besorgt und kann dann über Kopf am Waschbecken meine Haare waschen. Das funktioniert je nach Tagesform meines Kreislaufes allerdings auch nicht immer. Sicherheitshalber steht der Badhocker immer hinter mir.

Das Haarshampoo verdünnen ist eine weitere kleine Hilfe, da es sich dann besser verteilen und ausspülen lässt.

Manche Betroffene nutzen eine Ionen-Trockenhaube. Mir ist das nix, so ein blasendes großes Ding auf meinem Kopf zu haben.

Platz für deine Ideen:

....

....

....

....

....

....

....

....

....

....

....

....

....

....

Lieferdienste

Vor dem Kochen kommt der Einkauf. Seufz. Für mich eine unliebsame und anstrengende Alltagsaufgabe.

Lebensmittel-Lieferdienste sind eine großartige Möglichkeit sich zu versorgen. Meine Erfahrungen sind durch die Bank sehr positiv. Ich selbst nutze Rewe, Edeka, DM, Frosta und Flaschenpost.

Leider liefert nicht jeder nach Hintertupfingen oder Klein-Kleckersdorf. Und wenn du eh schon platt bist wie ein Rübchen, deine kognitiven Fähigkeiten im Nirvana sind, ist es noch anstrengender sich durch das Word Wide Web zu suchen, um einen passenden Lieferanten zu finden.

Ich fasse dir die Infos meines Blogbeitrages in diesem Buch kurz zusammen.

Der QR-Code leitet dich direkt zum ausführlichen Beitrag.

Oder über diesen Link:
Lieferdienste – Welche Anbieter gibt es? – Meela's Welt (meelas-welt.de)

Vorteile – die meisten kennst du sicher

- Rewe schickt dir mehrere SMS, wann der Fahrer bei dir eintrudelt. Das finde ich prima. Bestellst du bei Flaschenpost, kannst du in der App verfolgen, wann der Fahrer in etwa bei dir eintrifft.
- DHL schickt 15 Minuten vorher ein Mail, das dein Paket gleich bei dir ist. So kannst du dich entsprechend richten.
- Die meisten Anbieter für Pakete haben ein Livetracking.
- Wenn du die Suchfunktion nutzt, findest du schnell das gewünschte Produkt.
- Du siehst, ob das, was du benötigst, auch vorrätig ist, und bekommst eventuell Alternativen angezeigt.
- Oft kannst du einen Wunschtermin (je nach Anbieter sogar mit Zeitfenster) für die Lieferung angeben und damit deine Einkäufe planen.
- Weniger impulsive Käufe, das schont deinen Geldbeutel.
- Du sparst Zeit und Energie, da du nicht selbst zum Supermarkt fahren brauchst und dich durch die Regale suchen musst. Oft wird von heute auf Morgen alles umgestellt.
- Kein Schleppen von Einkaufstüten und Getränkekisten
- Keine Parkplatzsuche
- Du musst nicht aus dem Haus
- Kein Warten an der Kasse

Nachteile

- Bei Obst und Gemüse kannst du nicht selbst entscheiden, welche Banane oder Tomate du kaufen möchtest.
- Je nach Bestellaufkommen, kann es ein paar Tage dauern, bis deine Lebensmittel bei dir sind.
- Mehr Verpackung und somit Müll
- Meist Mindestbestellwerte und Lieferkosten
- Du kannst die Sonderangebote beim Laden um die Ecke nicht nutzen.
- Am Liefertag musst du zu Hause sein oder deine Nachbarn bitten, sonst kommt deine Bestellung nicht bei dir an.

Unterwegs

Altes Handtuch in eine Mülltüte gepackt, als Sitzgelegenheit für unterwegs	Isomatte, Iso-Sitzkissen, faltbar oder zum Aufblasen
Assistenzhund	Kühltasche
Bauchtasche bzw. Overcrosstasche für Wertsachen	Klapphocker, Dreibein (Walkstool)
Einkaufshopper, -Trolley mit Sitzgelegenheit	Lupe
EURO-Schlüssel	Matratze im Auto für Pausen unterwegs zum Hinlegen, das findest du im Campingbedarf
Gehstock	Medikamententasche, wenn es hübscher sein darf, ein schickes Kosmetiktäschchen umfunktionieren

Notfallkarte, Notfallausweis www.sgme.ch	Sitzkissen
Noise Canceling Kopfhörer	Sonnenbrille
Notfallkontakt und Medikamente auf Smartphone einrichten	Sonnenschirm, tragbar mit UV-Schutz
Ohrstöpsel	Taschen für Rolli usw.
Regencape	Trinkflasche, wenn du Getränke mit „Bizzel" magst, achte darauf, dass die Flasche dafür geeignet ist.
Rucksack, Thermorucksack	Walkingstöcke
Rollator, Rollstuhl	Wärmefußsack für Rolli etc.
Regenschutz für Rolli und Elektromobil	

Für Termine, die länger dauern, habe ich einen Thermobecher mit einer warmen Mahlzeit dabei. Zum Beispiel Suppe, Porridge, Nudeln mit Soße oder ähnliches. Gute auslaufsichere Thermobehälter findest du im Wander- und Campingbedarf. Sie halten bis zu 4 Stunden oder länger dein Essen warm. Da sie innen aus Metall sind, klingt ein normaler Löffel unsexy in meinem Ohr. Dafür habe ich Mehrweg-Plastikbesteck. Bambus oder Holz ist nicht so mein Mundgefühl.

Auch Babyglässchen mit ein paar untergemischten Schmelz- oder Haferflocken sind eine gute Alternative. Glas ist schwer und kann schnell kaputt gehen. Einfach in ein bpa-freies Plastikbehältnis umfüllen und schon ist dein Rucksack etwas leichter.

In Drogeriemärkten gibt es Smoothies in kleinen Flaschen, die im Notfall auch den ersten Hunger stillen. Die strecke ich oft auch mit Hafer- oder Schmelzflocken. Schmelzflocken haben den Vorteil, dass sie sich auch in Saft schnell auflösen. Müsli ist immer eine Option, ebenso wie Obst oder die gute alte Stulle.

Auch im Sommer brauche ich warme Getränke. Mein persönlicher Favorit (keine Werbung) sind die Thermobecher von Emsa. Sie sind absolut auslaufsicher. Was ich weiter großartig finde, selbst im Liegen kleckert nichts beim Trinken.

Milchprodukte und heiße Sommertage passen nicht gut zusammen. Hier helfen kleine Thermorucksäcke oder Kühltaschen.

Platz für deine Ideen:

....

....

....

....

....

....

....

....

....

....

....

....

Die Not mit dem Müssen müssen – Die Suche nach einem „Stillen Örtchen"

Es ist unvermeidlich, wenn wir unterwegs sind, dass du und ich auch mal Müssen müssen.

Mit Rollstuhl ist es schwierig eine normale Toilette aufzusuchen. An Autobahn-Raststätten gibt es zum Glück behindertengerechte WCs.

Was aber, wenn du in der Stadt zu einem Arztbesuch, abseits der Schnellstraßen unterwegs bist oder gern ein Museum besuchen möchtest? Jetzt wird es meist schwierig.

Hier ist die Lösung: 1986 hat sich der CBF Darmstadt – Club Behinderter und ihrer Freunde in Darmstadt und Umgebung e.V. etwas Großartiges einfallen lassen:

Ein einheitliches Schließsystem für Behindertentoiletten. Die dazu passenden Schlüssel sollen nur an Personen abgegeben werden, die darauf angewiesen sind. In einem Gespräch mit der Gesellschaft für Nebenbetriebe, Bonn (heute Tank und Rast AG), die für die Verwaltung der Autobahn-Raststätten zuständig war, ließen sich die Betreiber von der Idee überzeugen und gaben die Zusage, die Toiletten-Schlösser mit dem einheitlichen Schließsystem auszustatten.

„DER LOCUS" ist eine Broschüre, die du mitbestellen kannst. Sie listet ca. 12.000 Toiletten auf, die du mit dem Euro-Schlüssel öffnen kannst. Zum Beispiel an teilnehmenden

Autobahn- und Bahnhofstoiletten, aber auch öffentliche Toiletten in Fußgängerzonen, Museen oder Behörden.

So wurde die Möglichkeit geschaffen, dass Menschen mit Einschränkungen an vielen Orten in ganz Europa müssen können. ☺

Wer ist berechtigt?

Der Schlüssel wird ausschließlich an Menschen ausgegeben, die auf behindertengerechte Toiletten angewiesen sind.

Der deutsche Schwerbehindertenausweis berechtigt zum Euro-Schlüsse mit den Merkzeichen: „aG", „B", „H", oder „BL" bzw. Merkzeichen G und GdB ab 70 aufwärts.

Außerdem sind berechtigt:

- schwer/ außergewöhnlich Gehbehinderte
- Rollstuhlfahrer
- Stomaträger
- Blinde
- Schwerbehinderte, die hilfsbedürftig sind und gegebenenfalls eine Hilfsperson brauchen
- Menschen mit Multipler Sklerose
- Morbus Crohn
- Colitis Ulcerosa und
- chronischer Blasen- /Darmerkrankung

Anstelle deines Schwerbehindertenausweises benötigst du bei Morbus Crohn oder Colitis Ulcerosa eine ärztliche Stellungnahme. Der ärztliche Nachweis ist immer dann ausreichend, wenn eine Behinderung nicht anders nachgewiesen werden kann. Zum Beispiel für Personen aus Ländern, die über kein vergleichbares Ausweissystem verfügen. Alternativ kann auch der europäische Parkausweis für Schwerbehinderte als Nachweis gelten.

 TIPP: Falls du kein Merkzeichen hast:

Eine Nachfrage beim Verein macht Sinn, denn auch schwer/außergewöhnlich Gehbehinderte oder Rollstuhlfahrer erhalten einen Schlüssel (siehe unten). Dazu benötigst du eine ärztliche Bestätigung.

Es gibt ICDs für Mobilitätseinschränkungen. Zum Beispiel: R26.8 Sonstige und nicht näher bezeichnete Störungen des Ganges und der Mobilität, inkl.: Standsicherheit ohne nähere Angaben oder R26.3 Immobilität inkl.: Angewiesensein auf Krankenstuhl, Bettlägerigkeit.

Link zur Bestellung:

https://cbf-da.de/de/shop/euro-wc-schluessel/

Du schickst eine Kopie deines Schwerbehindertenausweises (Vorder- und Rückseite) per Post, Fax oder Mail an

Club Behinderter & ihrer Freunde e. V.
Pallaswiesenstr. 123 a
64293 Darmstadt
Telefon: (06151) 81 22 - 0
Telefax: (06151) 81 22 - 81

Mail: bestellung@cbf-darmstadt.de
Kosten (Stand 12/23)

- Euroschlüssel 26,90 €
- Schlüssel mit Verzeichnis „Der Locus" 35,50 €
- „Der Locus 2022" allein 9,50 €

Organisatorisches vor Reha oder einem Klinikaufenthalt

Vor der Fahrt:

Wer gießt die Blumen?

Wer schaut nach der Post und ruft dich an, wenn ein Brief wichtig aussieht? Da ist leider niemand? Dann rechtzeitig (ca. eine Woche vorher, eher 10 Tage) einen Nachsendeauftrag beauftragen.

Wer kümmert sich um Haustiere, bzw. wer nimmt sie in Pflege?

Lieferdienste und Zeitungsabos für die Rehazeit abbestellen.

Hast du genug Medikamente für die Dauer der Reha? Zum Beispiel deine NEM´s.

Frage vorab in der Klinik nach, ob es einen kleinen Laden vor Ort gibt, was dort angeboten wird bzw. wo die nächste Einkaufsmöglichkeit ist.

Für die ersten Tage einen kleinen Futtervorrat besorgen, gerade falls du Intoleranzen hast und es meist ein bissel dauert, bis sich das mit den Mahlzeiten vor Ort einruckelt. Am Anreisetag gibt es meist ein Mittagessen. Wenn es für dich nicht verträglich sein sollte oder geschmacklich nicht so deins ist, bist du gerüstet.

In der warmen Jahreszeit packe deine Vesper in eine kleine Kühltasche. Eine warme Wurst- oder Käsesemmel ist nicht so sexy und ein Müsli mit Joghurt bei 30 Grad ... naja. Unter der Rubrik Unterwegs habe ich weitere Tipps für dich.

Telefonnummern, Aktenzeichen von Krankenkasse, DRV, Hausarzt, Fachärzten, Behörden, mit denen du zu tun hast, notieren. Dann hast du alles bei Bedarf zur Hand.

Es gibt in den Kliniken mehr oder weniger gutes WLAN. Die Preise sind unterschiedlich hoch und am Abend ist es meist sehr ruckelig. Gefühlt sind alle Patienten im Internet und streamen Filme, um sich die zusätzlichen TV-Gebühren zu sparen. Eine Möglichkeit ist, dein Datenvolumen am Smartphone zu erhöhen.

Ein mobiler WLAN-Hotspot kann sich lohnen. So kannst du über deinen Laptop TV schauen. Schau vorher, welche Netze in der Region guten Empfang haben.

Mit der Bahn zur Reha:

Wenn du mit der Bahn zur Reha fährst, wird dein Gepäck vorab verschickt. Das kannst du nicht alles schleppen, was du für drei oder mehr Wochen benötigst. Es kann vorkommen, dass sich deine Koffer mehrere Tagen verspäten. Packe am besten in einen guten Wanderrucksack, das Nötigste an Wäsche, Medikamente und Hygieneartikel ein.

Warum ein Wanderrucksack? Sie haben ein großes Volumen, sind leicht und sehr gut tragbar, da sie eben fürs Wandern und lange Strecken konzipiert sind. Er ist auch vor Ort eine gute Unterstützung, wenn du dort einkaufen möchtest. Eine Bauch- bzw. Cross-Overtasche mit Geldbeutel, Medis, Handy, Ticket erleichtern deine Reise ungemein. Du hast alles Wichtige greifbar am Körper, minimiert die Gefahr bestohlen zu werden und es spart dir anstrengendes auf- und absetzen des Rucksackes.

Ich plane meine Zugfahrten mit großzügigen Umsteigezeiten. Bei der Reiseplanung kannst du eingeben, dass die Umsteigezeiten angepasst werden sollen. Nichts ist für mich schlimmer, als im Getümmel zum nächsten Bahnsteig zu hechten, was auch gar nicht geht.

Sitzplatzreservierung, ja oder nein? Unbedingt. Dann kann ich entspannt einsteigen, wenn sich die Rudelbildung an den Türen aufgelöst hat und zu meinem Platz gehen.

Die Bahn App bzw.- der DB Navigator sind eine große Hilfe. Sie zeigt live deine Verbindung an und kann sogar Dark Mode.

Auf dieser Seite findest du alle Informationen.

https://www.bahn.de/service/mobile/db-navigator

Hier die wichtigsten Infos kurz und knackig:

- Du kannst digitale Tickets buchen.
- Die Bestpreissuche findet ein günstiges Ticket, wenn du andere Reisen planst.
- Die Auslastungsinformation prüft, wie voll der Zug sein wird und du kannst ggf. auf eine andere Verbindung ausweichen.
- Digitale Reisebegleitung: Mit den Benachrichtigungen in der neuen Reisevorschau wirst du in Echtzeit informiert.
- Zuginformationen: Die aktuelle Wagenreihung und eventuelle Änderungen werden dir vor Ankunft des Zuges angezeigt und in welchem Bereich des Gleises dein Wagen hält.
- Komfort Check-in: Du checkst dich selbst ein und die Ticketkontrolle entfällt. Allerdings nur, wenn du dein Ticket über die die App, sprich den DB Navigator gebucht hast.

Wenn dich die Muse küsst: Ich suche mir bereits vorher alternative Züge an den jeweiligen Umsteige-Bahnhöfen heraus, falls ich den Anschluss doch verpassen sollte. Traveling with Deutsche Bahn ist nicht immer pünktlich.

Ich brauche das für mich, weil ich keine Lust auf lange Schlangen am Info-Center habe (falls es überhaupt einen gibt, bei kleinen Bahnhöfen iss ja nix mehr) und den ich erst einmal suchen muss.

Je nachdem, wie mobil du bist, kannst du auch den Mobilitätsservice der Bahn in Anspruch nehmen.

Die Mobilitätsservice-Zentrale (MSZ)

Ich selbst habe den MSZ noch nie genutzt, möchte dir dennoch die Serviceleistung der DB vorstellen.

Du bist mit dem Rolli und der Bahn unterwegs. Die Mobilitätsservice-Zentrale organisiert im besten Fall alles Notwendige, wenn du Unterstützung beim Ein-, Um- oder Aussteigen benötigst.

Lasse dich vor der Ticketbuchung telefonisch beraten, ob deine Reisestrecke barrierefrei umzusetzen ist.

Zwar kann ein Bahnhof barrierefrei sein, aber der Zug, mit dem du fahren möchtest, ist es nicht. Das ist oft bei Regionalzügen der Fall. Oder ganz blöd: Vorhandene Aufzüge sind defekt.

Du erreichst die Mobilitätszentrale von

Montag bis Freitag 06:00 – 22:00 Uhr,
Samstag, Sonntag und an bundeseinheitlichen Feiertagen
von 08:00 – 20:00 Uhr unter

- Telefon: 030 6521-2888
- Fax: 030 6521-2899
- E-Mail: msz@deutschebahn.com

Alternativ kannst du deine Reise auch über das barrierefreie Online-Formular anmelden.

https://msz-bahn.de/

Vorteile des Online-Formulars:

- Schnellere Anmeldung von Hilfeleistungen durch Speicherung nicht personalisierter Daten (z.B. Unterstützungsbedarf und gewünschte Hilfeleistungen) mit einem Service-Code
- Erleichterte Eingabe von Fahrplandaten der gewünschten Reiseverbindung
- Barrierefreie Benutzerführung mit Hinweisen zum Ausfüllen der Eingabefelder

💡 **Empfehlung:** Melde deine Reise bis spätestens 20 Uhr am Vortag an. Bei Hilfeleistungen im Ausland sind 36 Stunden Vorlauf erforderlich. Je früher, desto besser.

💡 **Wichtig:** Erst mit der MSZ Kontakt aufnehmen, die Hilfeleistung und den Rollstuhlplatz anmelden bzw. reservieren und dann das Ticket buchen. Manche Tickets lassen sich nicht kostenfrei stornieren und es wäre ärgerlich, wenn die Hilfe z.B. aus personellen oder baulichen Gründen nicht zugesagt werden kann oder kein Rollstuhlplatz mehr frei ist.

Bus, S-Bahn, U-Bahn, Straßenbahn sind oft nicht immer barrierefrei. Informiere dich am besten vorher.

Trotz aller guter Planung kann immer etwas schiefgehen. Deine Anmeldung beim MSZ ist keine Garantie, dass es auch funktioniert. Personalmangel, Krankheit, unvorhergesehene Ereignisse können passieren.

Ich packe meine Koffer und nehme in die Reha/Klinik mit:

Wichtige Unterlagen:

Aktueller Medikamentenplan	Impfausweis
Allergiepass	Personalausweis
Arztberichte und -befunde	Pflaster
Bewilligung Reha	Röntgenbilder
Diabetikerausweis	Schwerbehindertenausweis
EC-Karte	Versichertenkarte
Einladungsschreiben	Zugticket
Führerschein	

Tipp: Kopiere vorher deine Dokumente und speichere sie zusätzlich in deiner Cloud. So hast du von deinem Handy oder Laptop immer Zugriff. Am besten richtest du dir dazu einen Extraordner ein. Wenn du dem Dateinamen einen Unterstrich voransetzt, steht der Ordner ganz oben.

Zum Beispiel: _Reha Unterlagen

Hilfreich ist es, Patientenverfügung, Vollmachten sowie Kontaktdaten von Angehörigen und Freunden mitzunehmen, damit im Notfall alles schnell greifbar ist.

Medizinische Hilfsmittel

Bandagen	Kontaktlinsen und Zubehör
Brille, Ersatzbrille	Medikamente, die du regelmäßig einnimmst
Einlagen	Rollator, Rollstuhl
Gehhilfen, Gehstöcke	Sauerstoffgerät
Hörgerät	Stützstrümpfe und Anziehhilfe
Inhalator	

Spezielles: z. B. Allergikerwäsche oder Lagerungshilfen wie Nackenrolle, Venenkissen, Glücksbringer, Bilder von deinen Liebsten, Tablett.

Allgemeines für Alltag und Beschäftigung

Aufbewahrungsdosen, wenn du dir beim Frühstück ein Brötchen für später einpacken möchtest.	Gelschreiber
Badetasche	Handtasche
Bargeld und Münzen	Kaugummi
Briefumschläge	Kleine Müllsäcke
Bonbons	Klemmbrett
Bücher	Kopfhörer
Buntstifte, Zeichenblätter, -Bücher	Ladekabel
E-Book Reader	Lieblingskissen

„Futtervorrat" für die ersten Tage	Löslicher Kaffee, als Frühaufsteherin für mich unerlässlich 😊
Noise Canceling Kopfhörer	Schuhlöffel
Nervennahrung (Schoki usw.)	Sonnenbrille
Oropax	Sporttasche klein
Regenschirm und -Jacke	Strick-, Häkelzeug
Reisetasche	Thermobecher
Rucksack für Trinkflasche usw. während den Anwendungen	Thermoskanne
Schirm	Trinkflasche
Schlafmaske	Wäscherucksack
Schreibblock	Wecker

Da mich diverse Lebensmittelintoleranzen begleiten, habe ich mir ein kleines Carepaket mit diversen Snacks, Aufstrichen, Knäckebrot, Zwieback, hartgekochten Eier, Smoothies, Obst, für die ersten Tage gepackt.

Da in den meisten Kliniken kein Geschirr aus dem Speisesaal mitgenommen werden darf, hatte ich noch ein scharfes Messer und Besteck dabei, falls ich mir auf dem Zimmer ein Brot o.ä. zubereiten wollte.

Im Winter kann das ein oder andere Lebensmittel auf der Fensterbank gelagert werden. Im Sommer wird es schwieriger.

Frag vorab in der Klinik nach, ob es eventuell einen Gemeinschaftskühlschrank gibt. Das war bei mir der Fall und ein großer Vorteil.

Hygiene

Binden	Mückenschutz
Bodylotion	Rasierer, Rasierschaum
Deo	Reisefön
Desinfektionsmittel	Seife
Duschgel	Schminkutensilien
Gesichtsreiniger	Shampoo
Haarbürste, Kamm	Spülung
Haargummis	Sonnenschutzmittel
Handtücher groß, für Anwendungen	Taschentücher
Lippenpflege	Tampons
Masken	Trockenshampoo

Waschlappen (feucht)	Zahnpasta
Waschmittel	Zahnseide

Kleidung je nach Jahreszeit

Badeanzug, -Hose	Hausschuhe
Bademantel	Jacke dick
Badeschuhe	Jacke dünn
BH´s	Jeans
Birkenstock für schnell mal durchs Haus	Jogginghose, -anzug
Dicke Socken	Langarm-Shirts
Gummistiefel	Leggins
Handschuhe	Mütze

Outdoorjacke	Sport-Handschuhe
Pullover	Sport-Shirts
Regenjacke	Strickjacke
Schal, Halstuch	Tops
Schlafanzug, Nachthemd	T-Shirts
Schuhe, Sneaker	Unterhemden
Socken	Unterwäsche
Sport-BH	Winterschuhe

Platz für deine Ideen:

....

....

....

....

....

....

....

....

....

....

....

....

....

....

Allgemeine Tipps und Ideen in der Küche:

Was kann dir den Alltag in der Küche erleichtern?

Schubladenunterschränke zum Ausziehen sind sehr praktisch. Du kommst bequem ohne Verrenkungen an den Inhalt. Das ist ein finanzieller Faktor, der nicht für jeden stemmbar ist. Wenn es die Möglichkeit gibt, lohnt es sich, darüber nachzudenken. Eine Alternative sind Auszüge zum Nachrüsten. Leider fehlt dir dann etwas Platz im Schrank.

Die meisten Küchen können nachträglich umgerüstet werden und man findet in den gängigen Anzeigenportalen oft günstige Teile. Packe in die oberen Schränke Dinge, die du selten benötigst.

Gemüse am Vortag schneiden und vakuumiert oder in gut verschließbaren Dosen im Kühlschrank aufbewahren. Setze dich dazu hin oder nutze einen Rollhocker/Stehhilfe. Schnippeln geht auch mit einem Tablett auf dem Sofa. Sind deine Beine noch fit und du kannst länger stehen: Stelle eine Schüssel in die Spüle und hobel dort zum Beispiel eine Gurke hinein. Du benötigst weniger Kraft und musst deine Arme nicht so stark anheben.

Ausführlich zu Küche und Ernährung schreibe ich in Band 1.

Elektrische Helferlein:

Airfryer	Küchenwecker
Brotbackautomat	Mikrowelle/Minibackofen
Dampfgarer (Mini)	Mobile Herdplatte
Dosenöffner	Multifunktionsofen
Messer elektrisch	Multikocher
Entsafter	Reiskocher/Slowcooker
Gemüseraspel, Zwiebelschneider	Spülmaschine (Mini)
Heißluftfritteuse	Stabmixer
Küchenmaschine	Standmixer
Milchaufschäumer für Dressings	Vakuumiergerät

Weitere Helferlein in der Küche

Barhocker	Pflaster
Fußhocker, -Stütze	Plastik"Geschirr ist quasi unkaputtbar
Gemüseschneider mit verschiedenen Schneideoptionen	Rollhocker
Mikrowellengeschirr	Stehhilfe
Multiöffner z. B. für Gläser	Tritthocker
Nussknacker für Flaschen	Vakuumierbeutel & - Gefäße
Öffnungshilfe für Flaschen und Dosen	

www.meelas-welt.de

Platz für deine Ideen:

....

....

....

....

....

....

....

....

....

....

....

....

....

....

Blaulichtfilterbrille – meine Erfahrungen

Den Durchblick behalten trotz Lichtempfindlichkeit

Wie viele Betroffene, bin ich auch sehr lichtempfindlich. Gleich, ob es künstliches kaltweißes Licht ist oder wenn der Himmel trotz Wolken so eine „Grelligkeit" hat.

Auto fahren im Dunkeln, gerade, wenn es auch noch regnet plus das gruselige Xenon-Licht der PKWs, da fühle ich mich fast blind. Auch der Bildschirm am Laptop oder der TV kann zu intensiv sein. Am Laptop und Handy kannst du den Dark Mode einstellen.

Es musste eine Lösung her.

Sonnenbrille? Tagsüber eine Möglichkeit. Aber nachts damit Auto fahren – ganz schlecht. Außerdem ist mir die Sonnenbrille zu dunkel, wenn ich am Schreiben oder Kochen bin. Dann braucht es jetzt wohl eine Blaulichtfilter-Brille mit meiner Stärke.

Also ab zum Optiker meines Vertrauens.

Los ging es mit den klaren Gläsern bis zur hellblaugrauen Tönung. Satz mit X, das wird wohl nix.

Weiter ging es mit der Farbpalette gelb-orange. Das war es. Ich saß direkt unter einer Lampe mit unangenehmem Licht.

Die beste Voraussetzung zum Testen. Gelb-orange war perfekt.

Zunächst etwas gewöhnungsbedürftig, weil ich zwar nicht durch die rosarote Brille dafür aber alles leicht orange sehe. Mich stört es nicht. Hauptsache ich kann ohne Einschränkungen normal die Welt und mein Umfeld betrachten.

Vorteile:

Ich kann besser schlafen, denn meine Brille fördert die Freisetzung von Melatonin, das durch normales Licht beeinträchtigt wird. Durch den Filter wirst du „natürlich" müde und kannst besser schlafen.

Gelbe bzw. orange Brillengläser können doppelt so viel blaues Licht herausfiltern, wie klare Brillengläser.

Farbe	Gefiltertes Blaulicht
Klare Brillengläser	ca. 40%
Gefärbte Brillengläser	ca. 75% bis zu 99%

Natürlich falle ich mit farbigen Brillengläsern mehr auf, da ich zusätzlich mein Gestell etwas größer gewählt habe. Das verhindert, dass von den Seiten und oben so wenig, wie möglich „normales" Licht einfällt. Wenn mich jemand anspricht oder fragt, ob ich auf Xavier Naidoos Spuren wandele, antworte ich: „Das ist eine Funktionsbrille und sie erfüllt ihren Zweck."

Wenn es dir finanziell möglich ist, achte auf eine Entspiegelung. Sie reduziert Reflexionen. Fährst du noch Auto, so müssen die Gläser auch für den Straßenverkehr erlaubt sein. Achte mehr auf die Qualität als auf den Preis. Schlechte Brillen, können deinen Augen dauerhaft schaden.

Mein Optiker bietet Ratenzahlung an. Sicher ist er nicht der Einzige. Frag einfach nach, falls du dir eine Brille anschaffen möchtest.

Übrigens zu Hause habe ich überwiegend Lampen, die leicht orange sind bzw. am Nachtisch und Badspiegel, welche die ich von kaltweiß bis warmorange dimmen und einstellen kann. Das hilft mir ungemein und ist für meine Augen sehr viel angenehmer.

Ich wünsche dir, dass du immer den Durchblick behältst.

Die Lebenszeichen-App

www.lebenszeichen-app.de

Du lebst allein und machst dir Gedanken was ist, wenn du Unterstützung brauchst? Familie und Freunde sollen sich keine Gedanken machen und wissen, dass es dir gut geht.

Hausnotruf lässt dein Budget nicht zu? Dann ist die Lebenszeichen-App eine gute Alternative.

Die Stiftung „Solidarität bei Arbeitslosigkeit und Armut" hat die Lebenszeichen-App entwickelt.

Das kann die Lebenszeichen-App:

Du kannst mit einem Fingertipp ein Lebenszeichen geben, eine Bitte um Kontakt oder eine direkte Verbindung zum Notruf 112 herstellen. Im gewissen Sinn gilt hier der Satz, den meine Mutter immer sagte, als ich erwachsen war: „Wenn man von den Kindern nichts hört, ist alles in Ordnung." Denn mit deinem Fingertipp gibst du ein Lebenszeichen von dir an die App und deine Angehörigen bekommen **keine** Nachricht. Somit, keine Nachricht und alles ist ok.

Deine hinterlegten Notfallkontakte werden **nur** per SMS und E-Mail informiert, wenn du **nicht** getippt hast.

Wenn nötig kannst du über die App deine Notfallkontakte bitten, sich bei dir zu melden. Der Hauptnotfallkontakt wird dann per Telefon, SMS und E-Mail gleichzeitig benachrichtigt.

So geht es:

Lebenszeichen-App laden,

registrieren, Notfallkontakte anlegen, Meldezeit festlegen und schon kann es losgehen.

Notruf 112

Bei akuten Notfällen kannst du über die Notruftaste 112 eine Verbindung zum Rettungsdienst herstellen. Solltest du nicht selbst sprechen können, bekommt der Rettungsdienst alle wichtigen Informationen (Name und Standort) per Computer mitgeteilt und kann zu Hilfe kommen. Deine Notfallkontakte werden automatisch mit informiert.

Du hast keine Notfallkontakte aus Familie oder Freundeskreis in der Nähe? Dann kannst du als Haupt-Notfallkontakt einen der „Solidaritäter" angeben. Im Notfall sind sie so schnell wie möglich bei dir. Dazu musst du dich dort im Solidarclub anmelden.

Hier kannst du dich telefonisch anmelden: 0521 299 79 20

Eine ausführliche Erklärung findest du unter diesem Link:

https://lebenszeichen-app.de/wp-content/uploads/2023/02/lebenszeichen-app-erklaer-flyer.pdf

Das ist eine tolle Idee und Initiative für Menschen, die allein leben.

Alternative Safe now App

https://de.safenow.app/

Mir ist es persönlich zu kompliziert. Vielleicht ist es etwas für dich.

Die APP arzt-direkt

Ich selbst habe es noch nicht getestet, möchte sie dir dennoch vorstellen.

Einfach und simpel. Viele Fachrichtungen sind vertreten. Sogar ein eRezept per Mail ist möglich.

Wie geht es?

Du kannst die App in deinem Store downloaden und meldest dich mit deiner Chipkarte an. Die App leitet dich durch das System.

Nachdem du deine gewünschte Fachrichtung und den Arzt ausgewählt hast, betrittst du ein virtuelles Wartezimmer.

Der Arzt meldet sich per Video-Gespräch.

Versuch macht kluch.

Weitere Wege zum Onlinearzt sind über die 116 117 oder auf der Homepage deiner Krankenkasse zu finden. Die Versicherer haben unterschiedliche Anbieter.

Viele Krankenkassen bieten ihren Service über Apps an. Das ist sehr praktisch, wenn du zum Beispiel schnell ein Formular benötigst.

Der Online-Zahnarzt – dentinostic

Eine Behandlung ist Online zwar nicht möglich. Für eine erste zahnärztliche Beratung bei Beschwerden sicher hilfreich, für Betroffene, die nicht mehr gut aus dem Haus kommen.

Zitat:

„dentinostic ist weltweit die erste App, mit der du digital und flexibel zum Zahnarzt gehen kannst."

Egal wo du bist, kannst du deine Anliegen über die App teilen und innerhalb kürzester Zeit eine professionelle Diagnose, Therapieempfehlungen und sogar Rezepte erhalten.

Wie findest du einen Zahnarzt für Hausbesuche?

Zahnärzte sind nicht verpflichtet, Hausbesuche durchzuführen. Das, obwohl es gesetzliche Rahmenbedingungen gibt, die eine Vergütung für Hausbesuche durch den Zahnarzt regelt.

Solltest du Bedarf haben, frage zuerst bei deinem Zahnarzt nach, ob er Hausbesuche vornimmt. Falls nicht, kannst du hier nachschauen, wer diesen Dienst in deiner Nähe anbietet:

https://www.zahnarzt-arztsuche.de/rubrik/zahnarzt-hausbesuche/

https://www.kzbv.de/zahnarztsuche.1078.de.html

https://www.portal-der-zahnmedizin.de/.../hausbesuche/

Je nach Suchportal lassen sich dort Angaben wie "Hausbesuche", "Alterszahnheilkunde" oder "Behindertenbehandlung" eingrenzen. Nicht alle Bundesländer haben die Option zur Eingrenzung. Es gibt viele Zahnärzte, die Hausbesuche machen, allerdings haben nur wenige eine mobile Behandlungseinheit. Die Suche nach "Alterszahnmedizin" könnte helfen, da Zahnärzte, die zum Beispiel in Seniorenheimen vor Ort behandeln, eine mobile Behandlungseinheit haben.

Die QR-Codes findest du am Ende des Buches.

Taxi oder Fahrdienst zum Zahnarzt

Die Kosten für Taxi- oder Krankenfahrten zu einer ambulanten Zahnarztbehandlung werden von den Krankenkassen übernommen, wenn du einen Schwerbehindertenausweis mit den Merkzeichen „aG", „Bl" oder „H" oder den Pflegegrad 3 bis 5 hast. Bei Pflegegrad 3 muss zusätzlich ein Nachweis über eine dauerhafte Mobilitätsbeeinträchtigung vorliegen. Die entsprechende Verordnung stellt dein behandelnder Zahnarzt aus.

Long COVID Service einiger Krankenkassen per Videosprechstunde

Leider steht der Service im Moment nur für Versicherte der BIG direkt gesund, SBK, mhplus und IKK Südwest kostenlos zur Verfügung. (Stand 03/2024)

Notfalldose für den Kühlschrank

Passiert ein Notfall zu Hause, benötigst du schnelle Hilfe. Für den Rettungsdienst ist es wichtig, so viel wie möglich über dich und deine Gesundheit zu wissen, um dich so gut wie möglich behandeln zu können. Dabei unterstützt die Notfalldose.

In einer Notsituation stehen die meisten Menschen und Angehörige unter Stress. Da hat man nicht immer alle wichtigen Informationen für den Rettungsdienst auf dem Schirm. Das Notfallformular kannst du zuvor in Ruhe ausfüllen und in der Dose aufbewahren. Denke daran, das Formular auf dem Laufenden zu halten, wenn sich etwas verändert.

Wo ist die Rettungsdose erhältlich?

In vielen Städten ist die Rettungsdose in Seniorenbüros, beim Sozialverband, Apotheken, im Internet oder bei den Rettungsdiensten erhältlich.

Das Set enthält neben der Notfalldose das dazugehörige Notfallformular und zwei Aufkleber für die Wohnungs- und Kühlschranktür.

Welche Informationen sollten in der Notfalldose sein?

In die Notfalldose kommt das Notfallformular, auf dem alle wichtigen Informationen stehen.

Das sind:

- Name, Vorname, Anschrift, Telefonnummer der Person (mit aktuellem Foto zur schnellen Identifizierung)
- Kontaktdaten des Hausarztes
- Namen von Angehörigen/Freunden, die informiert werden müssen
- Informationen zu Vorerkrankungen, Allergien, Unverträglichkeiten
- Welche Medikamente werden regelmäßig ein genommen?
- Aufbewahrungsort der Medikamente
- Hinweise auf eine Patientenverfügung oder Vorsorgevollmacht
- Müssen Menschen und Tiere bei plötzlicher Abwesenheit versorgt werden?

Vorbereitet für den Notfall – dein Notfall-Ordner

01 Notfallkontakt/Vollmachten

Wer hat einen Hausschlüssel?

02 Gesundheit

Hausarzt, wichtige Fachärzte, Pflegedienst, Allergien, Krankenkasse, (Medikamenten-)Unverträglichkeiten,

03 Finanzen

Banken, Konten

04 Versicherungen

Krankenkasse, Kopie Versichertenkarte, Zusatzversicherungen, Rentenversicherung, Zusatzversorgung, allgemeine Versicherungen,

05 Digitales

Passwörter, Masterpasswort,
Name des Ordners, wenn Dokumente digital abgelegt wurden,

Wo? Auf einer Cloud, externen Festplatte, Laptop, Stick ...

Digitale Ordnerstruktur

Hilfreich ist die Datei mit _ (Unterstrich vorweg) zu benennen, dann steht sie ganz oben in deinem digitalen Ordner.

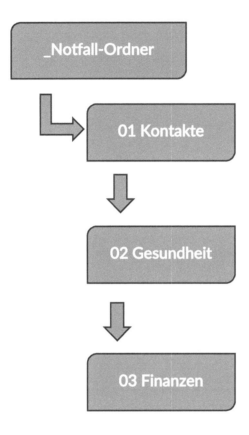

Wenn du die komplette Vorlage haben möchtest, schreib mir ein Mail mit dem Betreff „Für den Notfall" an schreibela@meelas-welt.de.

01 Kontakte

Wer hat einen Hausschlüssel:

Name: ....

Anschrift: ....

Telefon: ....

Name: ....

Anschrift: ....

Telefon: ....

Familie:

Name: ....

Anschrift: ....

Telefon: ....

Name: ....

Anschrift: ....

Telefon: ....

Name: ....

Anschrift: ....

Telefon: ....

www.meelas-welt.de

Freunde:

Name: ....

Anschrift: ....

Telefon:..

Name: ....

Anschrift: ....

Telefon: ....

Name: ....

Anschrift: ....

Telefon: ....

Name: ....

Anschrift: ....

Telefon: ....

Arbeitgeber, falls noch vorhanden:

Name: ....

Ansprechpartner: ....

Anschrift: ....

Telefon: ....

Vollmachten sind hinterlegt bei:

Name: ....

Anschrift: ....

Telefon: ....

Bzw. liegen (im Schrank, Tresor) ....

02 Gesundheit

Ärzte

Fachrichtung: ....

Name: ....

Telefon: ....

Anschrift: ....

Webseite: ....

Fachrichtung: ....

Name: ....

Telefon: ....

Anschrift: ....

Webseite: ....

Fachrichtung: ....

Name: ....

Telefon: ....

Anschrift: ....

Webseite: ....

Pflegedienst:

Name: ....

Ansprechpartner: ....

Telefon: ....

Anschrift: ....

Webseite: ....

Krankenkasse:

Name: ....

Ansprechpartner: ....

Telefon: ....

Anschrift: ....

Webseite: ....

Medikamenten-Unverträglichkeiten:

....

....

....

....

....

....

www.meelas-welt.de

Meine Medikamente:

Medikamente	Morgens	Mittags	Nachmittag	Abends	Nachts	Bei Bedarf

Allergien/sonstige wichtige Informationen:

....

....

....

....

....

....

....

....

....

03 Finanzen

Hausbank:

Name: ....

Ansprechpartner: ....

Telefon: ....

Anschrift: ....

Welche Konten habe ich? Kontonummer

....

....

....

....

....

....

Depots, Wertpapiere usw.

....

....

....

....

....

....

www.meelas-welt.de

Weitere Bank:

Name: ....

Ansprechpartner: ....

Telefon: ....

Anschrift: ....

Welche Konten habe ich? Kontonummer

....

....

....

....

....

....

Depots, Wertpapiere usw.

....

....

....

....

....

....

04 Versicherungen

Anbieter:

Versicherung: ....

Versicherungsnummer: ....

Ansprechpartner: ....

Telefon: ....

E-Mail: ....

Anbieter:

Versicherung: ....

Versicherungsnummer: ....

Ansprechpartner: ....

Telefon: ....

E-Mail: ....

Anbieter:

Versicherung: ....

Versicherungsnummer: ....

Ansprechpartner: ....

Telefon: ....

E-Mail: ....

Anbieter:

Versicherung: ....

Versicherungsnummer: ....

Ansprechpartner: ....

Telefon: ....

E-Mail: ....

Anbieter:

Versicherung: ....

Versicherungsnummer: ....

Ansprechpartner: ....

Telefon: ....

E-Mail: ....

Anbieter:

Versicherung: ....

Versicherungsnummer: ....

Ansprechpartner: ....

Telefon: ....

E-Mail: ....

Rentenversicherung:

Versicherung: ....

Versicherungsnummer: ....

Ansprechpartner: ....

Telefon: ....

E-Mail: ....

Zusatzversorgung:

Anbieter:

Versicherung: ....

Versicherungsnummer: ....

Ansprechpartner: ....

Telefon: ....

E-Mail: ....

Sonstige:

Anbieter:

Versicherung: ....

Versicherungsnummer: ....

Ansprechpartner: ....

Telefon: ....

E-Mail: ....

05 Digitales – Passwörter

Masterpasswort:

Webseite	Login	Passwort

Pflegehotels

Urlaub und Erholung sind für alle Menschen wichtig, um Kraft zu tanken und ab und an einmal etwas anderes zu sehen als die eigenen vier Wände. Pflegehotels ermöglichen pflegenden und zu pflegenden Menschen, gemeinsam Urlaub zu machen. Auch Menschen die Pflege im Alltag benötigen können dort allein Urlaub machen.

Die Versorgung wird ganz oder teilweise durch Fachpersonal übernommen. So wie ihr das möchtet. Als Gäste entscheidet ihr, wie ihr die Zeit vor Ort verbringen möchtet.

Um Pflege und Betreuung vor Ort kümmert sich meist ein hoteleigener Pflegedienst oder es wird mit einem ambulanten Pflegedienst zusammengearbeitet.

Pflegehotels sind eine Kombination aus Hotel und pflegerischer Unterstützung.

Der Begriff „Pflegehotel" ist nicht geschützt. Aus diesem Grund ist das Angebot sehr unterschiedlich. Oft sind es klassische Hotels, die sich darauf spezialisiert haben. Einige Pflegeheime und Reha-Kliniken bieten diesen Service ebenfalls an. Die Angebote reichen von Wellness und Spa über Unterhaltungs- bis zu Fitnessprogrammen. Eine gute Recherche ist wichtig, um das für sich passende zu finden.

Es lohnt sich ab Pflegegrad 2 vor der Buchung mit deiner Pflegeversicherung/Pflegestützpunkt zu sprechen. Eventuell gibt es die Möglichkeit einen Teil der Kosten über Kurzzeit- oder Verhinderungspflege zu erhalten. Zum Beispiel ohne Einschränkungen Pflegegeld, stundenweise Verhinderungspflege und Tagespflege zu verbinden.

Pflegehotels kennen die Finanzierungsmöglichkeiten und unterstützen dich sicher gerne.

Tipps: Wenn dir die Urlaubsplanung zu viel ist: Es gibt Pauschalangebote oder organisierte Reisen von spezialisierten Reiseveranstaltern oder Vereinen.

Ärztlich verordnete gesundheitsfördernde Maßnahmen, zum Beispiel Physiotherapie, kannst du während des Urlaubs in einem Pflegehotel wahrnehmen. Die Krankenkasse übernimmt die Kosten, wenn das Angebot zulässig ist.

Wenn du in deine Suchmaschine „Pflegehotels Deutschland" eingibst, ist die Anzahl überschaubar. Stand 12/2023 gibt es sieben an der Zahl.

Stromkostenerstattung für Hilfsmittel

Um eine Stromkostenerstattung zu erhalten, frage bei deiner KK nach, wie sie es handhabt. Viele Versicherer bieten auf ihrer Webseite alle wichtigen Informationen an und entsprechende Formulare zum download an.

Gibt es ein Formular? Reicht ein formloses Schreiben? Wenn ja, welche Informationen müssen enthalten sein.

Manche KK zahlen eine Pauschale, andere den tatsächlichen Verbrauch.

Bei meiner KK muss ich die Tage der Nutzung/Jahr bzw. Aufladezeit angeben. Am besten notiere dir, wann du dein Gerät aufgeladen und genutzt hast.

In der Betriebsanleitung findest du, falls nötig, die Wattzahl deines Gerätes, wenn du detailliert deine Kosten nachweisen musst.

Mehr Infos findest du auf meinem Blog. Ganz schnell kannst du über diesen Code dorthin springen.

Danke

An all die lieben Menschen, die immer noch mit mir gehen.

Die den Zeigefinger liebevoll erheben, wenn ich mal wieder übertreibe, mir zu viel zumute, ohne bevormundend zu sein.

Die mich bestärkten, mit meinen Projekten weiterzumachen, auch wenn es Gegenwind gab. Und es immer noch tun, wenn manchmal „Teufelchen Zweifel" auf meinen Schultern sitzt.

An die vielen Betroffenen, die mich im Austausch inspirieren.

Meiner Freundin Lydia Walter, die das Coverfoto von mir geschossen hat.

Und an all die, die jetzt nicht namentlich genannt sind, weil es sonst den Rahmen sprengen würde.

Ich bin dankbar für das, was noch geht auch wenn es einiges weniger ist als vor 03/2020.

Über mich

Jahrgang 1964, geboren in Aschaffenburg, am letzten nördlichen bayrischen Zipfel an der Grenze zu Hessen. Mein Lebensmotto: Dat kölsche Grundgesetz. „Et kütt wie et kütt. Et hätt noch immer jot jejange."

Seit März 2020 ist mein Leben nicht mehr das, was es war. Eine Covid-Infektion hat mein Leben komplett auf den Kopf gestellt. Eine zweite gesellte sich im März 2021 dazu. Lange Zeit war ich nur auf dem Sofa und es ging nichts mehr. Gar nie nix. Selbst meine geliebte Arbeit nicht. Mir ist die Decke auf den Kopf gefallen. Ich hatte viel Zeit für mich und mit mir und erinnerte ich mich daran, dass ich früher, also daaaaamaaaaals gerne geschrieben habe und Autorin werden wollte.

So entstand mein Blog **www.meelas-welt.de** und die Idee zu einem 3 in 1 Ernährungs-, Symptom- & Schmerztagebuch. Zunächst nur für mich, da ich herausfinden wollte, was macht dies und das mit mir und meinem Körper. Warum nicht veröffentlichen? Gedacht, getan.

Weil auch immer mehr Kinder betroffen sind, entstand die Idee zu einem Kinderbuch, dass ich mit Ralf Möller – Hilpoltsheim gestaltet habe. Zu meinem Texten hat er die Bilder gezeichnet. Ralf ist selbst schwer betroffen und zeichnet von Bett oder Sofa aus. Seit 01.12.2023 gibt es auch eine englische Version, die die Tochter einer Freundin übersetzt hat.

Gleichzeitig wollte auch mein Alltag neu organisiert werden. Ja, und so wurde daraus dieses Buch. Teil 1 ist 12/2023 erschienen. Darin geht es um den Küchenalltag und wie du und ich auf Sparflamme gesund uns lecker ernähren können.

In meinen Büchern kannst du hier stöbern und gerne bestellen.

https://buchshop.bod.de/catalogsearch/result/index/?q=Daniela+K%C3%BChnl&bod_pers_id=14364530

Das Schreiben hilft mir, gedanklich nicht festzufahren, mich „posimistisch" mit meinen Diagnosen auseinanderzusetzen und Lösungen und Optionen zu finden.

Ich wünsche dir alles Liebe, bleib, wenn es dir möglich ist, egal was kommt „posimitisch".

Deine Ela

Alle Links als QR-Code

Blick in meine Bücher

Dentinostic

Euro-Schlüssel

www.meelas-welt.de

DB Navigator

DB Mobilitäts-Zentrale

Lebenszeichen App

Lieferdienste

MEelas-Welt

Safe now APP

Stromkostenerstattung

Zahnarzt für Hausbesuche

Zahnarzt für Hausbesuche KZVB

Zahnarzt für Hausbesuche
Portal der Zahnmedizin

Weitere Bücher der Autorin

Daniela Kühnl

MEelinus, Calea, Fritzi und Sammy erklären

ME/CFS und Long Covid

Du oder deine Freunde wart bestimmt schon einmal krank.
Meist geht das ganz schnell vorbei und ihr könnt gemeinsam
wieder springen und spielen gehen.
Aber, es gibt auch Erkrankungen, die bleiben einfach da.
Das nennt man chronische Erkrankung. ME/CFS und Long Covid
sind chronische Erkrankungen und viele Erwachsene und Kinder
sind davon betroffen.

Dieses Buch erklärt in einfachen Worten Ursache und
Auswirkungen von ME/CFS und was Freunde und Familie tun
können.
Aus Rücksicht darauf, dass viele Betroffene von zu viel Reizen
überfordert sind, wurden Bilder und Texte bewusst einfach
gehalten. **ISBN 9 783756 888269**

Daniela Kühnl

MElinus, Calea, Fritzi and Sammy explain ME/CFS and Long Covid

You or one of your friends were probably sick before. Usually, you recover quickly and can go back to having fun and playing with your friends.

But, there are also some diseases that can stay in the body. These types of diseases are called chronic diseases. ME/CFS and Long COVID are chronic diseases that affect many adults and children today.

This child-friendly book explains the causes and symptoms of ME/CFS and how family and friends can help.

Out of consideration for those with a heightened sensitivity to stimuli, we kept the illustrations and texts contained in this book simple. **ISBN 9 783758 313479**

„Wie wuppe ich das jetzt alles?"

Print ISBN
9783758321429

EBook ISBN
9783758392122

Überall, wo es
Bücher gibt

Die Frage aller Fragen, die sich mir stellte, als ich quasi von heute auf Morgen, nach einem postviralen Infekt im März 2020 auf der Nase lag. Von 180 auf gefühlt minus 100.

Vermeintlich lapidare Dinge wie einkaufen, kochen, den Haushalt wuppen, Behördengedöns ... all das, was ich nebenher mal eben mit Vollzeitjob, Hobbys und Ehrenamt erledigt hatte, wurden zur großen Herausforderung.

Einkaufen? Urrrrgs, die vielen Reize. Lange laufen und stehen geht bis heute nicht gut. Das kennst du auch, oder? Lieferdienste waren meine Rettung. Wer liefert wann was wohin und zu welchem Preis?

Auf Sparflamme leben und trotzdem lecker und gesund essen. Ich teile mit dir, wie ich mich neu organisiert habe. Vom Einkauf, Lieferdienste, Vorratshaltung über Kettenkochen, Rum-und-fort-essen, incl. Saisonkalender bei Histaminintoleranz.

Buchempfehlungen von

Herzen 🖤

Das Schaf Wu

Thematik: Diskriminierung/ Toleranz

Inhalt: In dem Buch geht es um ein rotes Schaf aus Thailand, das zu einer Herde weißer Schafe kommt. Wegen seiner Fellfarbe wird es dort von einem der weißen Schafe ausgelacht. Deswegen flüchtet es und versucht ein weißes Schaf zu werden.

Auf seiner Reise trifft es auf einen Krebs und zwei Störche, die dem Schaf helfen zu Doktor Zitter zu gelangen. Er kann dem Schaf helfen. Als das Schaf am Ende zurück zur Herde kommt, stellt sich heraus, dass allen anderen Schafen die rote Fellfarbe egal ist und sie das Schaf Wu auch so mögen.

Das Buch hat am Ende interaktive Seiten, auf denen sich die Kinder mit kleinen Malaufgaben an der Geschichte beteiligen können.

Kontakt: ralf.moeller80@gmail.com

Preis: 10 Euro zzgl. Versand

Folgebücher:

Wu in Peru; Wu und Panda Pao